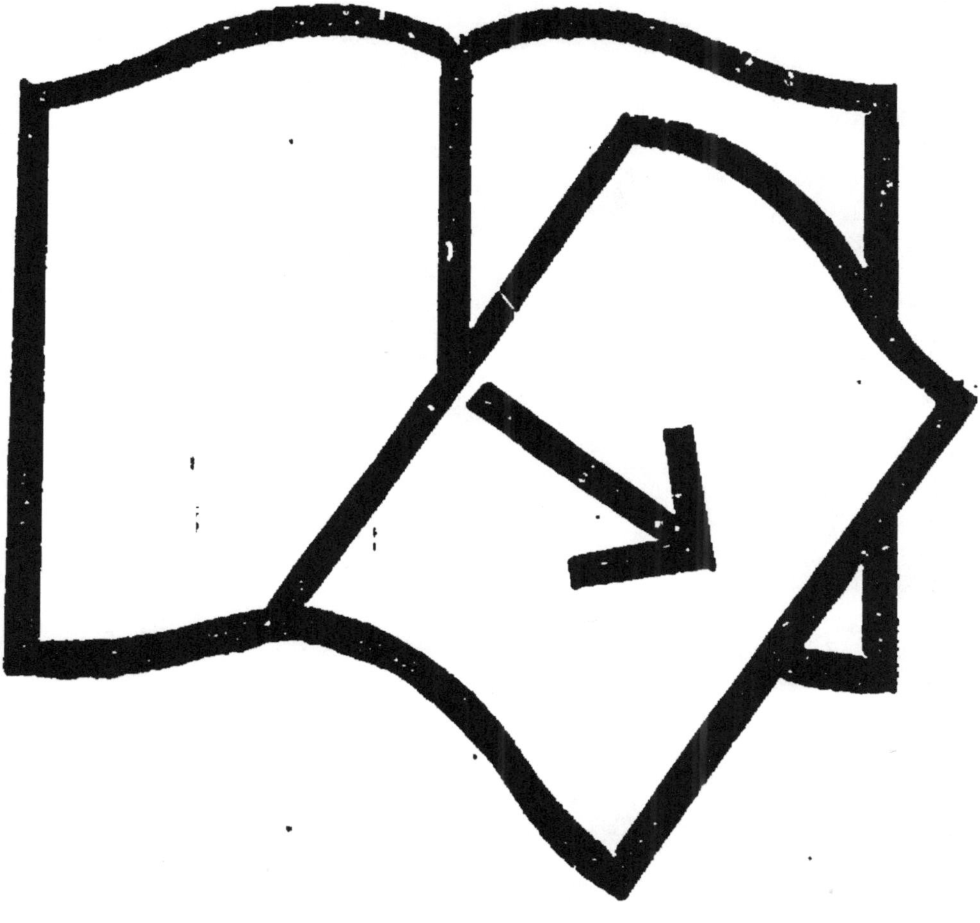

Couvertures supérieure et inférieure manquantes

Annexe de l'Établissement Thermal

BAGNÈRES-BIGORRE STATION THERMALE D'HIVER

A Monsieur le rédacteur de l'*Echo des Vallées*.

Monsieur,

Le Conseil municipal ayant décidé que le rapport de la Commission de l'Annexe serait imprimé *afin de lui donner le plus de publicité possible*, j'ai cru devoir publier, de mon côté, le travail que j'avais adressé à M. le Maire et à MM. les Membres du Conseil.

A Monsieur le rédacteur de la *Petite Gazette*.

Monsieur,

Le départ de nos hôtes de passage nous invite à causer en famille des intérêts de notre chère cité. Il y a différentes manières de considérer ces intérêts, comme on en peut juger par le grand nombre et la variété des projets d'amélioration mis en avant. Aussi qu'arrive-t-il souvent? faute d'une vue d'ensemble nettement accusée par la presse locale, faute d'un but déterminé et généralement accepté, l'attention du public ébloui se porte d'une conception sur une autre toute différente ou même opposée, sans s'attacher à aucune, et de bonnes idées sont repoussées avant d'avoir suivi une élaboration suffisante. Par exemple, n'est-il pas vrai que parmi les moyens d'accroître la prospérité d'une localité thermale, il n'en est pas de plus sûr, de plus loyal, j'allais dire de plus honnête, que d'y opérer authentiquement des cures indéniables? Eh bien! quand, en 1844, on voulut en venir à l'application, quand on proposa de fonder une clinique médicale et chirurgicale, confiée à un docteur nommé au concours et dont les fonctions seraient temporaires (6 ou 8 ans), il se trouva que les hommes et les choses n'y étaient nullement préparés. On ne comprit pas de quelle importance il serait, par la suite, pour Bagnères, d'avoir cinq ou six médecins issus du concours, formés sous les yeux de la critique, commandant la confiance et auprès desquels on se croirait autant en sûreté, qu'au milieu des praticiens les plus distingués d'une grande ville, etc., etc. Le moment serait mal choisi pour revenir sur ce sujet; cependant il était bon de rappeler qu'il a été traité, il y a 18 ans. Passons à un autre d'un intérêt plus actuel.

Vos articles sur l'ANNEXE DES THERMES et sur les AMÉLIORATIONS THERMALES (1) ont reporté ma pensée sur un ancien projet de *Salon d'Hiver*, que je vous demande la permission d'exposer succinctement, quitte à donner plus tard de plus amples détails, s'il y a lieu.

Dans les grandes villes, les traitements hydrothérapiques les plus énergiques ne sont jamais interrompus, parce qu'ils sont administrés dans des établissements (maisons de santé, hôpitaux), où les malades n'ont rien à redouter des vicissitudes de l'atmosphère.

Partant de ce fait incontestable, on se demande pourquoi Bagnères, qui se distingue déjà de la plupart des stations thermales par la douceur relative du climat, n'aurait pas sa saison d'hiver. Eh bien! je suis profondément convaincu que beaucoup de malades se rendraient à Bagnères, à toutes les époques de l'année, s'ils étaient sûrs d'y trouver le confort désirable; et comme d'un autre côté, il est nécessaire d'étendre considérablement nos Thermes, en mettant en exploitation les sources non utilisées, j'ai toujours cru que l'édifice destiné à réaliser ces deux idées doit être élevé entre la place des Thermes et la rue de la Conciergerie, depuis la maison Jalon jusques et y compris l'ancienne prison (2). C'est ce qui ressortira, je

---

(1) *Petite Gazette* des 1er octobre et 19 novembre derniers.

(2) Ce dernier membre de phrase manque de clarté, j'en conviens. Il n'exprime pas rigoureusement que la maison Jalon est comprise dans les acquisitions par moi proposées;

l'espère, des quelques indications que je vais donner sur la recherche des sources, sur leur aménagement et sur le salon d'hiver proprement dit.

Recherches des Sources.

L'acquisition et la démolition des maisons une fois faites, il faut, pour fouiller profondément le sol, avoir préalablement construit un canal de vidange, un égout capable d'absorber les eaux de toute nature à mesure qu'elles se produiront, jusqu'à un certain niveau. D'après le nivellement fait par M. Déjeanne pour la distribution des eaux de la Sarre, le seuil de la maison Jalon se trouve à 7 mètres au-dessus et à 280 mètres de distance de l'Anou, en aval du pont St-Blaise, de sorte qu'un égout établi entre ces deux points, avec une pente uniforme de 1 millimètre par mètre, suffirait pour drainer le sol à 6 mètres 70 centimètres de profondeur dans la partie la plus déclive de la place des Thermes ; si l'on craignait que cela ne fût pas suffisant pour le présent et dans l'avenir, on gagnerait environ 5 mètres en faisant partir l'égout du pont de la Mouline; mais la dépense serait plus que doublée, à cause de la plus grande profondeur et d'une augmentation de 200 mètres en longueur.

Aménagement des Sources.

Ce n'est qu'après s'être assuré du point d'émergence, du débit et de la température de chaque source, qu'on pourra s'occuper de leur appropriation et déterminer le plan du nouvel établissement.

L'étage inférieur, en partie situé au-dessous du niveau de la place comme le soubassement des Thermes, sera entièrement consacré aux appareils balnéaires de toute espèce. C'est ainsi que l'égout indispensable pour la recherche

---

mais tout doute à cet égard devait cesser devant cet autre membre de phrase de ma conclusion :
Puisque le salon d'hiver isolé et facilement abordable de toute part, sera inondé d'air et de lumière.
La Commission s'est donc méprise quand elle a dit que *le salon d'hiver resterait accolé à la maison Jalon qu'on ne songe pas à acheter.*

méthodique des sources servira à leur exploitation sur place, première considération, disons-le en passant, en faveur du choix du local.

A propos de l'aménagement, il est à désirer que l'ingénieur et l'architecte soient bien convaincus de l'inutilité des bassins de réfrigération. On obtient le même résultat sans perdre de temps ni de calorique, par le mélange de l'eau thermale avec l'eau potable; on ne fait en cela qu'imiter ce qui se passe dans les entrailles de la terre. La source du Foulon est-elle moins bienfaisante depuis que le hasard a fait surprendre la nature en flagrant délit de mélange dans sa composition, ainsi que la géologie l'avait fait présumer? Qui sait si, dans les nouvelles fouilles on ne trouvera pas quelque source à la température du corps humain, comme le Foulon, et dépouillée comme lui et par le même procédé d'une partie de ses sels!... Cela est d'une bien mince importance maintenant; car si on n'en trouve pas, on en pourra faire tant qu'on voudra, et mon avis est que l'on établisse vingt baignoires à température constante, à écoulement continu, la plupart à 35 degrés centigrades, et quelques unes à 30°, 31°, 32°, 33°, 34°. — Il serait bon aussi que six ou huit de ces baignoires fussent réunies par couples dans des cabinets où les malades, qui ont de la répugnance pour les piscines, prendraient leurs bains prolongés, tout en causant. Marchons donc en avant, le flambeau de la science à la main, le reproche de *Nymphes bâtardes* n'a plus de sens aujourd'hui.

Pour ce qui est des douches chaudes, si l'on ne peut disposer d'une partie des sources du Dauphin, ni de la Reine, on sera obligé d'élever l'eau de Salies par une pompe foulante, au moyen d'un arbre de couche et d'une turbine ou d'une roue, mue par l'Anou. Les douches froides seront facilement alimentées par l'eau de la Sarre et pourront avoir, si on le désire, 8 à 10 mètres de chute.

Salon d'Hiver.

Il occupera l'étage supérieur. On y trouvera des cabinets de repos, de vastes promenoirs, une salle de gymnase, un ou plusieurs salons de conversation, un cabinet de lecture, un buffet, le tout entretenu à une douce température par un mouvement circulatoire continu de l'eau minérale la plus chaude.

La principale pièce recevra d'élégantes vitrines, dans lesquelles seront rangées, dans un ordre méthodique, indiqué d'avance par des séries d'étiquettes, les objets d'histoire naturelle offerts par nos hôtes et portant leurs noms comme souvenir de leur passage, nouvelle espèce de cartes de visites, P. P. C.

L'extrémité méridionale de l'édifice sera ornée d'une demi-rotonde en cristal où les plantes des tropiques fleuriront dans le cœur de l'hiver, sous l'influence de la chaleur centrale et récréeront la vue des malades.

Telle est la voie dans laquelle je voudrais voir mes concitoyens s'engager résolûment. Ils n'auront jamais travaillé plus efficacement à la prospérité commune.

Il y a trop d'imprévu dans ce projet pour que j'essaie d'en évaluer, même approximativement, la dépense. Pour y faire face on pourrait ajouter à la plus value toujours croissante de nos Thermes, le produit de l'amodiation successive des communaux susceptibles de culture. Un meilleur aménagement des forêts a produit des ressources inespérées, pourquoi la mise en valeur de tant de belles pelouses n'en donnerait-elle pas aussi? Quant aux revenus de diverse nature de l'établissement projeté, tout porte à croire qu'ils seront assez importants pour lui mériter le nom de *dépense productive*.

En terminant, je ferai remarquer de nouveau que l'annexe ou le salon d'hiver, comme on voudra l'appeler, ne saurait être mieux placé qu'à face et à la portée des Thermes existants. Il est même à désirer qu'on ménage une communication souterraine entre les deux établissements. Les baigneurs seraient bien aises de passer de l'un à l'autre sans s'exposer au grand air, et quelle facilité pour le service, la surveillance et l'administration...

Veuillez agréer, etc.

COSTALLAT, médecin.

Le 7 décembre 1865.

Sur le projet d'Annexe des Thermes et sur la Fontaine Sulfureuse de Soulagnets.

A Monsieur le Maire et à Messieurs les membres du Conseil Municipal de Bagnères.

Messieurs,

Vous avez résolu de faire construire un Etablissement Thermal Annexe pour l'utilisation des sources minérales captées sur le sol de la place des Thermes et vous avez demandé l'avis de M. l'Inspecteur des Eaux et de M. l'Ingénieur des mines sur les avantages comparatifs de trois emplacements ci-après désignés :

1° La maison et jardin Pinson.
2° La maison et le jardin Bordeu.
3° L'emplacement des bains Cazaux et Théas.

Dès que je fus informé de ce projet j'exposai, dans la *Petite Gazette* du 10 décembre, quelques-uns des motifs qui devaient faire donner la préférence à un quatrième emplacement, celui des maisons qui font face aux Thermes, depuis la maison Jalon jusques et y compris l'ancienne prison, promettant de donner plus tard de plus amples détails s'il y avait lieu. La présentation des rapports de MM. Peslin et Subervie m'en fournit l'occasion.

L'emplacement Bordeu choisi par M. l'ingénieur offre le grave inconvénient d'éloigner deux établissements qui ne sauraient être trop près l'un de l'autre, à cause de l'aide qu'ils doivent se prêter mutuellement et de la plus grande facilité du service, de la surveillance et de l'administration. M. l'inspecteur évite cet inconvénient en donnant la préférence à l'emplacement Cazaux et Théas, mais l'adoption de son projet entraînerait la ville à des dépenses hors de toute proportion avec les résultats promis. *Il existe*, dit M. Subervie, *près des Thermes, deux établissements d'eaux minérales qui ont une grande valeur et qui possèdent de fortes douches. Je désirerais que la ville achetât ces deux établissements. L'avantage de cette double acquisition est très-sérieux.*

1° Augmentation considérable des eaux qui se produirait au profit des Thermes.

— Mais ce serait acheter fort cher, très-probablement, 100 mètres cubes d'eau minérale, quand vous en avez déjà 593 tout captés, à utiliser, sans compter ce qu'un égout s'ouvrant à 6 m. 70 c. au dessous du seuil de la maison Jalon vous fera facilement découvrir dans le sol de la place des Thermes et des maisons à acquérir.

2° On acquerrait des douches puissantes.

— Pas aussi puissantes que celles de la Reine et du Dauphin, et qui, quand même on en augmenterait la chute, feraient double emploi avec celles qu'on construit aux Thermes en ce moment.

3° Nouvel agent thérapeutique acquis par l'adjonction de la buvette de Labassère dont la vogue croit chaque jour.

— Si je ne me trompe, cela signifie que le fermier actuel cèdera un bail qui nécessairement a un terme. C'est là un triste cadeau à faire à une commune qui possède (quartier de Soulagnets) une source sulfureuse que la géologie indique comme pouvant devenir, par quelques travaux, aussi bonne que celle de Labassère et qui sera à la fin de cet écrit, l'objet d'une proposition spéciale.

4° On ferait taire enfin la critique qui ne cesse de s'exercer contre Bagnères. On ne pourrait pas dire que ses eaux minérales sont modifiées, altérées et en quelque sorte transportées, comme cela ne manquerait pas d'arriver si le bâtiment annexe était placé loin du point de la sortie des sources. — Loin de vous arrêter à ces critiques, vous devez les braver tant qu'il ne s'agit que de l'usage externe de *nos* eaux. Quand, au contraire, il est question de leur emploi à l'intérieur, certes il vaut mieux les prendre près de la source, avant qu'elles aient perdu de leur température et qu'elles aient été exposées au contact de l'air et de la lumière.

Après cette appréciation des avantages attribués à l'emplacement Cazaux-Théas, par M. l'Inspecteur, laissons M. l'Ingénieur signaler les inconvénients inhérents à l'exécution. *Le canal qui passe devant les Thermes*, dit M. Peslin, *doit être détourné et déprimé, car son niveau actuel est supérieur à celui que devra avoir le sol de l'Annexe. Il faudra donc supprimer la chute du moulin et par conséquent acquérir le moulin. Enfin, la plus grande partie du jardin de M. d'Uzer doit être acquise pour dégager la façade de l'Annexe et donner passage au nouveau canal.* Ainsi donc, achat et démolition de deux établissements particuliers achalandés et d'un moulin, et acquisition d'une grande partie d'un jardin, c'est-à-dire solution incidemment provoquée d'une question d'alignement qu'on peut éviter si l'on adopte mon projet, le tout pour ajouter aux piscines demandées un buvette et des douches dont vous n'avez nul besoin.

A notre tour prêtons le dos à la critique.

Complément nécessaire des Thermes

Sous ce titre je comprends les piscines ou leur remplacement par le bain prolongé pris isolément, la réforme du Vaporarium et le Salon d'Hiver.

Piscines.

Le vent est aux piscines, mais pour peu qu'on y réfléchisse, le bain pris en commun, dans une eau qui n'est pas courante, finira toujours par être un objet de dégoût, comme était devenue la piscine du Dauphin. (1)

Quand vous serez plongé jusqu'au menton dans une grande masse d'eau tiède, ne penserez-vous pas, malgré vous, au grand nombre de vos semblables qui y auront déjà séjourné, des heures entières, sans qu'elle ait été renouvelée? Serez-vous bien aise que les baigneurs de votre fournée fassent, à votre barbe, la toilette de leurs cheveux, de leurs plaies, de leurs fonticules, se mouchent avec les doigts, se savonnent tout le corps, lâchent leurs urines et leurs gaz, et versent dans le bain commun la sanie et le pus de leurs fistules, de leurs ulcères internes ou externes? Ne frémissez-vous pas à l'idée que votre voisin cache, sous sa coiffure ou son pei-

---

(1) Longtemps avant sa suppression.

gnoir, une hideuse maladie de la peau peut-être contagieuse. Tout cela est de tous les jours, de chaque instant, dans les piscines fréquentées, comment l'empêcherez-vous ? (2)

Dans un rapport que M. Constantin James vous adressa, il y a dix ans, je lis : « Mais enten-
» dons-nous. Les piscines ne devront être pré-
» férées qu'à la condition qu'elles seront alimen-
» tées par une eau aussi bonne, aussi vierge que
» celle qui est destinée aux baignoires. Il faudra
» de plus que cette eau soit assez abondante
» pour former *au travers du bassin commun, un*
» *courant véritable*, ainsi que cela avait cons-
» tamment lieu dans les piscines Romaines. »
Ce serait là une amélioration, mais ne nous en exagérons pas la portée; *ce courant véritable au travers du bassin commun* ne pourra exister qu'à la surface et ne modifiera en rien la masse. Pour déplacer, d'une manière sensible à l'œil, toute l'eau d'une piscine de trois ou quatre mètres de largeur sur un mètre seulement de profondeur, il faudrait disposer de plusieurs milliers de mètres cubes d'eau par 24 heures, or, il faut deux piscines pour séparer les sexes et quatre pour séparer le riche de l'indigent. Je crois donc qu'il faut renoncer aux piscines; mais si vous y tenez absolument, n'en faites que pour les pauvres. Le local est tout trouvé juste au point où aboutira votre égout. Je veux parler du lopin qu'on avait réservé pour un lavoir, en aval du pont St-Blaise, sur la rive droite de l'Anou. On obtiendrait de M. Gandy l'autorisation de construire dans sa propriété à plus d'un mètre de profondeur le canal de fuite jusqu'au pont de la Mouline. Quant à l'eau d'alimentation, soyez assurés, messieurs, que le grand égout vous en fera trouver beaucoup qu'on ne pourra pas utiliser sur place à cause du peu d'élévation de son point d'émergence par rapport à la cuvette de l'égout. Au lieu de la perdre, en la laissant tomber dans l'égout, on

---

(2) A Cauterets il existe, au *Bain du Bois*, une piscine toute moderne, puisque le Syndicat de la Vallée l'a fait construire il y a dix ou douze ans, dans laquelle on n'a jamais pu obtenir que deux indigents se baignassent ensemble. MM. les docteurs Dimbarre et Daudirac l'attesteront au besoin.

l'isolera au moyen d'un canal de petite section pratiqué dans une des parois latérales de ce même égout. On pourrait y ajouter une partie de l'eau minérale qui n'aurait servi qu'à produire, par sa chute, de la vapeur pour le Vaporarium. Toutes ces eaux réunies et tempérées par une portion de l'eau douce de la fontaine de St-Blaise, auraient un certain volume qui permettrait d'établir à peu de frais deux piscines pour les indigents et une pour les chevaux. (1)

L'Annexe n'aurait donc pas de piscines : comment les y remplacerait-on ? Quelques-uns de MM. les Conseillers se souviendront que, soutenant la même thèse en 1848, je proposai, en présence de M. François, d'établir des baignoires séparées par un rideau mobile, derrière lequel on se met au bain et on en sort sans être vu de son partenaire et qu'on tire ensuite pour causer plus commodément. Ma proposition fut accueillie sans opposition mais n'eut pas de suite. Le bain prolongé est cependant si efficace dans plusieurs maladies, qu'on ne saurait trop s'efforcer d'en faciter l'usage aux personnes à qui il est prescrit et qui ne peuvent se résoudre à entrer dans une piscine. Je conclus sur ce point en proposant de construire un certain nombre de cabinets à deux ou à plusieurs baignoires, à écoulement continu, à température fixe depuis 50° jusqu'à 55°; plus huit ou dix cabinets à une seule baignoire, remplissant les mêmes conditions. Chaque baigneur aura ainsi sa part d'eau pure dont il usera à son gré. Vingt-cinq baignoires à température fixe et à écoulement continu, c'est le Foulon perfectionné et amplifié, c'est 25,000 fr. de revenu assuré.

Réforme du Vaporarium.

Mes courses du printemps dernier m'ayant conduit en Savoie, j'ai visité l'établissement modèle d'Aix où j'ai retrouvé tant d'appareils que M. François a si heureusement importés dans nos Thermes. Ce qui m'a surtout frappé

---

(1) Si plus tard on renonçait aux piscines on les remplacerait par dix cabinets à une seule baignoire, dont cinq pour les indigents et cinq dans lesquels le bain de trois quarts d'heure ne serait payé que dix centimes en toute saison.

c'est la partie de l'établissement appelée l'*Enfer*. Je suis resté profondément convaincu qu'en plaçant notre vaporarium sous terre et sur la roche brûlante d'où jaillit Salies nous serons, cette fois, dispensés de suppléer au défaut de volume et de température par un générateur de vapeur qui dévore un assez gros budget particulier. Les dépenses du premier établissement une fois faites, les étuves sèches et humides seront toujours prêtes à recevoir les baigneurs; les bains, les douches de vapeur, le bain russe, le bain égyptien, pourront être administrés à toute heure et toute l'année presque sans frais. Avec le générateur disparaissent ses frais d'entretien et de combustible et les intermittences, les longues interruptions du service; les cent mètres cubes de Roc-de-Lannes ou du Dauphin consacrés au vaporarium actuel, deviennent disponibles soit pour augmenter l'énergie du nouveau, soit pour des douches vraiment puissantes, soit enfin pour entretenir une douce température dans le salon d'hiver. Les avantages attachés à la réforme du vaporarium suffiraient seuls pour décider la question de l'emplacement.

Salon d'Hiver.

Pour cette question je m'en réfère à l'article que j'ai publié dans la *Petite Gazette* (1). J'y ajouterai seulement quelques observations sur le chauffage. Il est évident que, pour qu'il soit économique, il faut emprunter sa chaleur à l'eau thermale, qu'on fera circuler dans l'épaisseur du plancher des salles, au moyen de tubes métalliques à minces parois. Mettant de côté les détails relatifs à l'installation des conduits, à la ventilation, etc., j'arrive au choix à faire entre plusieurs manières de faire arriver l'eau à la hauteur des salles à chauffer. Si les 100 mètres cubes de Roc-de-Lannes et du Dauphin n'étaient employés qu'en partie dans le nouveau vaporarium, ce qui en resterait serait conduit par un tube recourbé, à concavité supérieure, dans les salles à chauffer, et, après s'y être divisé, en retomberait en douches verticales, latérales,

---

(1) Reproduit ci-dessus.

ascendantes. On pourrait aussi faire monter l'eau de la source Colomès, ou de tout autre très chaude, à la hauteur voulue, au moyen de pompes foulantes animées par un hydraulique dont l'arbre de couche longerait le souterrain qui devra mettre en communication les Thermes et l'Annexe.

Voici un procédé plus économique et qui semble s'appliquer parfaitement au cas. C'est tout simplement un siphon, dont les branches munies chacune à son extrémité libre d'un robinet, plongent, la plus courte dans un réservoir d'eau chaude à niveau constant et la plus longue dans un baquet toujours rempli d'eau et dont le niveau est inférieur à celui du réservoir. Le sommet du siphon porte un troisième robinet surmonté d'un entonnoir et sert à l'amorcer. Pour cela on ferme les robinets inférieurs, on ouvre le supérieur, on verse de l'eau dans l'entonnoir jusqu'à ce qu'elle regorge, on ferme ce robinet, on ouvre celui de la plus courte branche, puis, peu à peu celui de la plus longue. Alors l'eau, sollicitée par la différence des niveaux, se met en mouvement et déborde dans le baquet avec d'autant plus d'abondance que le robinet de la longue branche est plus ouvert. C'est avec ce robinet qu'on élève ou qu'on abaisse, à volonté, qu'on règle en définitive la température des compartiments de l'édifice soumis à l'influence du siphon.

Ce procédé exige une certaine précision, et comme il n'a peut-être jamais été employé dans des circonstances pareilles, il serait bon d'en faire l'essai avant de l'adopter définitivement. En effet, il pourrait arriver que les gaz dissous dans l'eau minérale s'en dégageassent, par l'effet de la légère diminution de pression et du vide virtuel occasionnés par l'aspiration. Dans ce cas, s'ils n'étaient pas entraînés par le courant, au fur et à mesure de leur apparition, ils s'accumuleraient peu à peu au sommet du siphon et l'empêcheraient de fonctionner.

Distribution de l'Eau douce de la Sarre.

Le seuil de la porte de la maison Jalon, qui nous sert de repère, est à 5 mètres en contrebas du fond du déversoir de la fontaine de la Sarre, et, par hypothèse, à 6ᵐ 70 au-dessus de la cuvette de l'égoût à construire. Il en résulte que les douches froides de toutes les formes, auront, si l'on veut, six, huit et même dix mètres de chute. L'eau douce sera en outre employée, en pluie, en douches, en affusions, en lotions dans les bains de vapeur Russes, Egyptiens, etc., etc. Par son mélange direct avec l'eau chaude, on obtiendra toutes les températures désirables; enfin, dans les jours caniculaires, elle remplacera avantageusement l'eau chaude dans le système circulatoire.

Conclusion.

Mon projet est trop vaste, certaines de ses parties sont trop nouvelles, trop imprévues, pour que vous l'adoptiez dans son ensemble. Tout ce que je désire pour le moment, c'est que vous y trouviez des motifs suffisants pour vous déterminer à choisir l'emplacement que je vous propose. J'y verrais de grands avantages. Vous laisseriez dormir la question d'alignement; vous n'achèteriez pas de l'eau quand vous en avez très-probablement à revendre; vous ne vous laisseriez pas entraîner à acheter un moulin et peut-être deux; vos opérations se diviseraient en plusieurs campagnes subordonnées aux ressources financières présumées disponibles, les formalités, les autorisations nécessaires pour l'achat des immeubles devant prendre beaucoup de temps, on étudierait à loisir, on discuterait la question capitale du salon d'hiver proprement dit; on attendrait, pour la résoudre, que l'inventaire définitif de nos richesses minérales fût terminé; on se serait habitué à l'idée de faire de Bagnères une station thermale d'hiver; on finirait par se dire: après tout, ce n'est qu'un étage à ajouter à un édifice en construction; on s'apercevrait qu'aucun autre local ne pouvait mieux convenir à cette nouvelle destination, puisque le salon d'hiver, isolé et facilement abordable de toute part, sera inondé d'air et de lumière. De leur côté, les hommes spéciaux auraient donné leur avis sur la réforme du Vaporarium et sur le meilleur mode de chauffage par la circulation de l'eau chaude. Il ne resterait plus qu'à rédiger le programme complet des futurs *Néothermes* et à offrir son prix à l'architecte dont les plans et devis en rempliraient le mieux les conditions.

Fontaine sulfureuse de Soulagnets.

Je n'attendais pour vous faire une proposition à ce sujet que d'être un peu plus libre de mes mouvements; mais l'occasion est trop belle pour que je la laisse échapper.

Vers 1830, feu M. François Camus avait proposé à ses collègues du conseil municipal de capter cette source. En 1845, M. Soubies en avait obtenu la concession pour neuf années. Ce n'est pas la première fois que j'en parle. En 1848, à la fin d'un rapport sur les eaux minérales, je demandai « que la source sulfureuse
» située sur le territoire de Bagnères fût immé-
» diatement captée, afin que plus tard, et par le
» chemin de l'Oussouet continué et terminé à
» cet effet, on en transportât l'eau à Bagnères
» pour la livrer aux consommateurs, moyennant
» une faible rétribution qui permettrait de la
» donner gratis aux malades indigents. »

On nomma une commission, composée de MM. Soutras, Pailhé, Eugène Camus et Costallat, qui, sous la présidence de M. d'Uzer, maire, se rendit sur les lieux avec M. François ; mais monsieur l'ingénieur ayant déclaré que la source était accidentelle, ma proposition n'eut pas de suite.

Cette idée d'une buvette sulfureuse appartenant à la ville, n'a cessé de trotter dans ma tête et y a pris diverses formes. En 1850, mon vieil ami, le vénérable curé Pédefer, m'ayant envoyé la relation que je l'avais prié de faire de la découverte de la précieuse fontaine de Labassère, je la remis au conseil municipal de cette commune, dans sa séance publique du 16 juin. Ensuite je fis remarquer *que la réputation de l'eau en question s'étant faite à Bagnères, la commune de Labassère devrait, par reconnaissance, céder à la ville de Bagnères, à perpétuité, le droit de puiser à la source toute l'eau qu'elle pourrait débiter*, PAR VERRÉES SEULEMENT, *dans une buvette établie aux Thermes, moyennant une somme, une fois payée, ou une redevance annuelle, fixe ou de tant pour cent sur le prix du bail de la fontaine*; mais ma proposition ne fut pas agréée parce qu'on était déjà en marché avec M. Soubies, qui fesait des offres séduisantes. Ce que j'avais conçu dans l'intérêt de Bagnères, notre compatriote l'a réalisé à son profit. Sous sa direction, l'exploitation de la fontaine a pris un grand développement, le revenu de la commune s'est accru considérablement, ce qui a provoqué la concurrence de Germs et de Gazost.

Toujours poursuivi par la même idée et supposant, après tout, que M. François avait pu se tromper en déclarant accidentelle la fontaine de Soulagnets, j'en parlai, il y a quelques années, à un savant de premier ordre qui, après avoir visité les lieux, s'étonna beaucoup que Bagnères n'eût rien fait pour en tirer parti. Je lui promis alors de faire tout mon possible pour en avoir le cœur net, pensant déjà à prendre tous les risques à ma charge, comme je le fais aujourd'hui.

Proposition.

Messieurs,

Je vous demande l'autorisation de faire des fouilles sur le territoire communal du quartier de Soulagnets, où surgit une source sulfureuse non encore exploitée, promettant de la capter et de la livrer à la ville aussitôt que, par les travaux de dégagement, elle aura acquis un degré de sulfuration qui permette d'en transporter et d'en vendre avantageusement les produits. Je commencerai ces fouilles dès qu'un bornage, fait aux frais et à la diligence de la commune, m'aura tracé le périmètre dans lequel devront se renfermer mes opérations, mais je ne puis m'engager à les terminer avant la fin de 1865. En cas de succès, la commune pourra me rembourser mes débours; mais je renonce d'avance à toute indemnité pour risques courus, soins ou dépenses personnelles. Si j'échoue, la commune ne me devra rien.

Une buvette qui porterait à bon droit le nom de *Buvette sulfureuse de Bagnères*, c'est un joli joyau à conquérir, si vous le permettez.

Veuillez agréer, Messieurs, mes salutations empressées, COSTALLAT.

Bagnères, 1er mars 1864.

Post-scriptum.

La commission ayant adopté un point de vue tout différent de celui d'où je suis parti, il n'est pas étonnant que nous ne soyons pas d'accord. Suivant moi, la pensée d'un salon d'hiver doit dominer toutes les autres. Vient ensuite la réforme de la partie de nos Thermes qui a le plus d'avenir. En effet si j'ai critiqué le vaporarium, c'est parce que je me suis assuré qu'on peut avoir mieux et qu'il est extrêmement important pour une ville destinée à être, bien certainement, tôt ou tard, une station thermale d'hiver, de pouvoir donner, toute l'année et à toute heure, des bains et douches de vapeur, etc., *presque* sans autres frais que ceux du premier établissement et d'entretien. Suivant moi, la question d'alignement est subordonnée à celles du salon d'hiver et du vaporarium tandis que la commission la préjuge. Quant aux piscines, peu importe que *je ne les aime pas* ou *que je les aie en aversion:* il s'agit seulement de savoir s'il est raisonnable d'en offrir, de nos jours, aux baigneurs qui admirent le bonne tenue de notre établissement. Or la commission n'a rétorqué aucune des nombreuses raisons qui les condamnent impitoyablement ; laissons-les donc, sans regret, aux localités thermales qui n'ont pas d'autre moyen de balnéation, et dont la clientèle est façonnée, de longue date, à cette sorte de promiscuité peu conforme à nos habitudes modernes de propreté.

En présence des grandes choses qui nous restent à faire pour compléter notre système thermal seulement, et à la veille de contracter un emprunt de 542,000 fr., affecté d'avance à des dépenses déjà votées, il serait au moins imprudent d'engager, pendant 18 ans, les dernières ressources du budget des thermes, pour rétablir un mode balnéatoire dégoûtant, que nos pères ont fait disparaître, il y a quarante ans, et que le sentiment public réprouve.

Vaut encore mieux chômer que mal moudre.

25 mai 1864. COSTALLAT.

www.ingramcontent.com/pod-product-compliance
Lightning Source LLC
Chambersburg PA
CBHW071442060426
42450CB00009BA/2267